AF215779

Impressum
Verlag: BABADADA GmbH, Nedderfeld 112 , 22529 Hamburg
Geschäftsführer / Verlagsleitung: Harald Hof
Druck: Books on Demand GmbH, In de Tarpen 42, 22848 Norderstedt

Imprint
Publisher: BABADADA GmbH, Nedderfeld 112 , 22529 Hamburg, Germany
Managing Director / Publishing direction: Harald Hof
Print: Books on Demand GmbH, In de Tarpen 42, 22848 Norderstedt

σχολείο

school

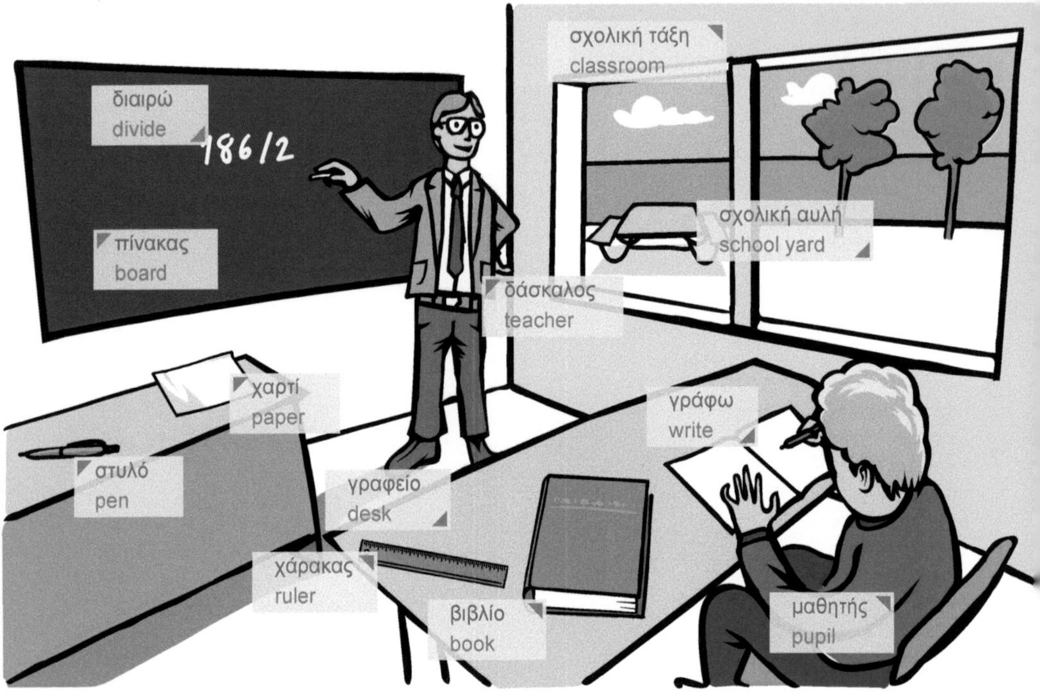
σχολική τάξη
classroom
διαιρώ
divide
186/2
πίνακας
board
σχολική αυλή
school yard
δάσκαλος
teacher
χαρτί
paper
γράφω
write
στυλό
pen
γραφείο
desk
χάρακας
ruler
βιβλίο
book
μαθητής
pupil

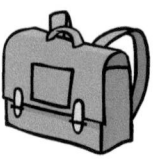

σχολική τσάντα

satchel

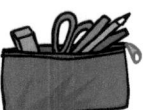

κασετίνα/ μολυβοθήκη

pencil case

μολύβι

pencil

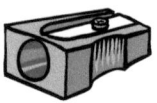

ξύστρα

pencil sharpener

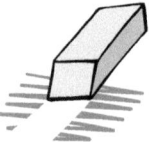

γόμα

rubber

μπλοκ ζωγραφικής

drawing pad

ζωγραφική

drawing

πινέλο

paintbrush

κουτί χρωμάτων

paint box

ψαλίδι

scissors

κόλλα

glue

τετράδιο ασκήσεων

exercise book

εργασία για το σπίτι

homework

αριθμός

number

προσθέτω

add

αφαιρώ

subtract

πολλαπλασιάζω

multiply

υπολογίζω

calculate

γράμμα

letter

αλφάβητο

alphabet

hello

λέξη

word

κείμενο

text

διαβάζω

read

κιμωλία

chalk

μάθημα

lesson

εγγράφομαι

register

τεστ

examination

πιστοποιητικό

certificate

μαθητική στολή

school uniform

εκπαίδευση

education

εγκυκλοπαίδεια

encyclopedia

πανεπιστήμιο

university

μικροσκόπιο

microscope

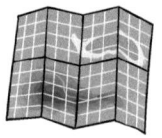

χάρτης

map

καλάθι αχρήστων

waste-paper basket

ταξίδι
travel

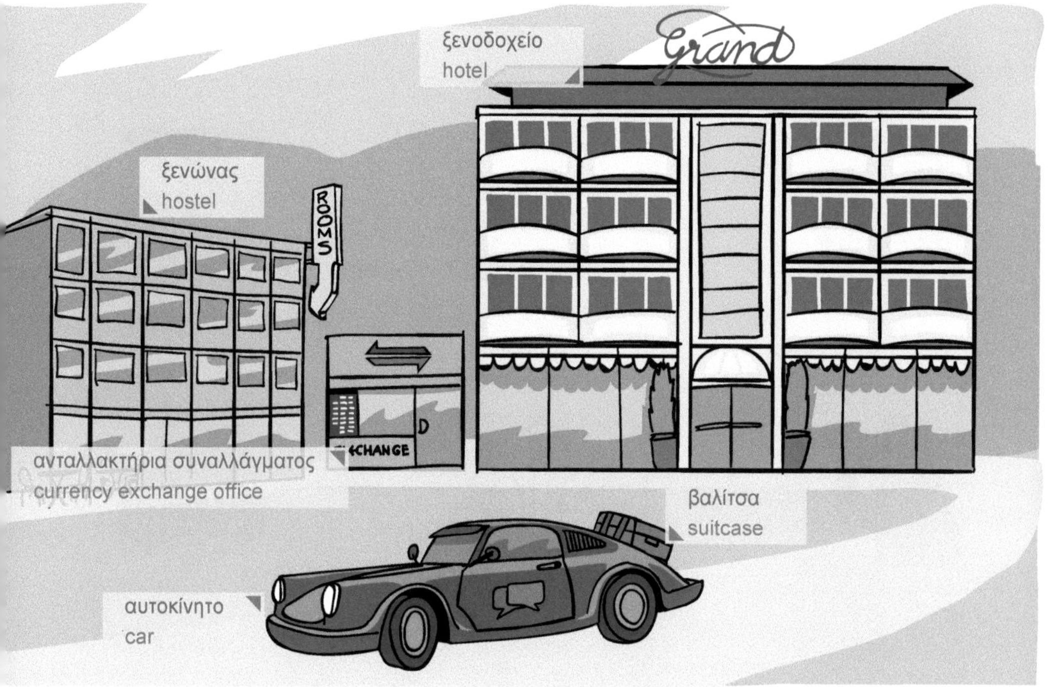
ξενοδοχείο
hotel
Grand
ξενώνας
hostel
ROOMS
EXCHANGE
ανταλλακτήρια συναλλάγματος
currency exchange office
βαλίτσα
suitcase
αυτοκίνητο
car

γλώσσα

language

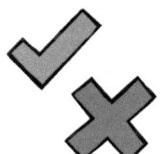

ναι / όχι

yes / no

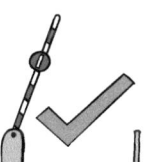

εντάξει

Okay

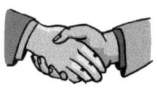

γεια σου

hello

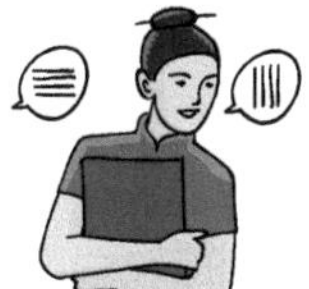

μεταφραστής

translator

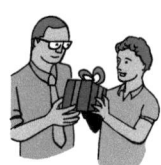

Ευχαριστώ

Thank you

πόσο κάνει ;

how much is...?

Δε καταλαβαίνω

I don´t get it

πρόβλημα

problem

Καλησπέρα!

Good evening!

Καλημέρα!

Good morning!

Καληνύχτα!

Good night!

Αντίο

goodbye

κατεύθυνση

direction

αποσκευές

luggage

τσάντα

bag

σακίδιο πλάτης

backpack

καλεσμένος

guest

δωμάτιο

room

υπνόσακος

sleeping bag

σκηνή

tent

ταξίδι - travel

τουριστικές πληροφορίες	παραλία	πιστωτική κάρτα
tourist information	beach	credit card

πρωινό	μεσημεριανό	δείπνο
breakfast	lunch	dinner

εισιτήριο	ανελκυστήρας	γραμματόσημο
Ticket	elevator	stamp

σύνορα	τελωνείο	πρεσβεία
border	customs	embassy

βίζα	διαβατήριο
visa	passport

μεταφορά

transport

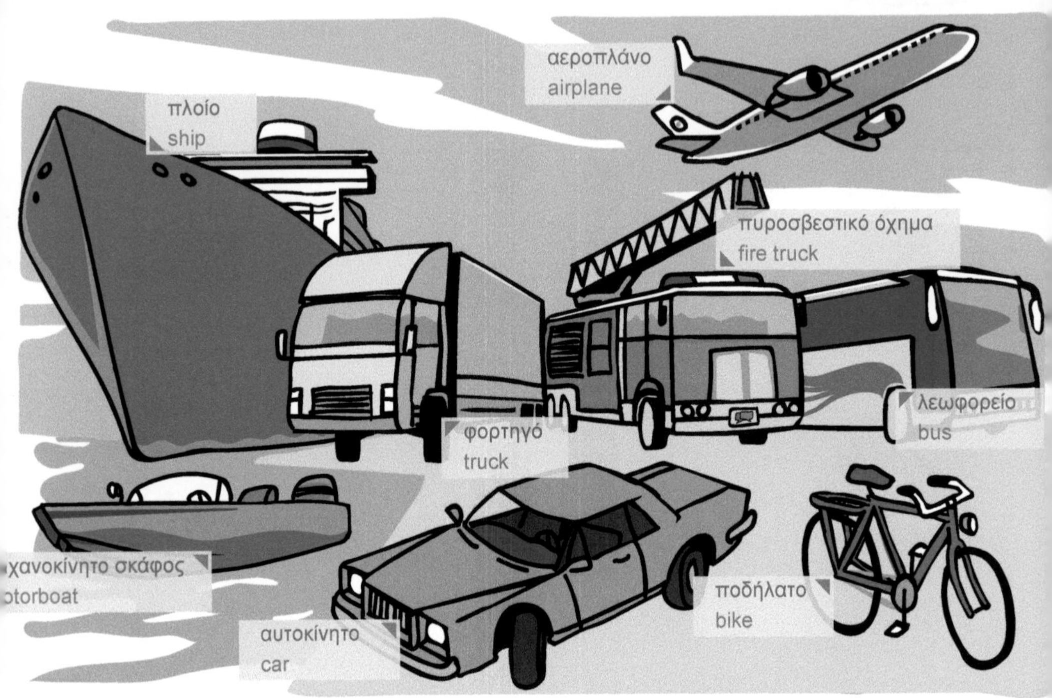

αεροπλάνο
airplane
πλοίο
ship
πυροσβεστικό όχημα
fire truck
λεωφορείο
bus
φορτηγό
truck
χανοκίνητο σκάφος
otorboat
ποδήλατο
bike
αυτοκίνητο
car

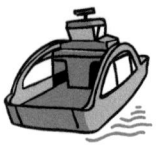

φεριμπότ

ferry

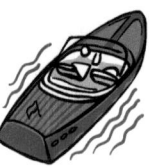

βάρκα

boat

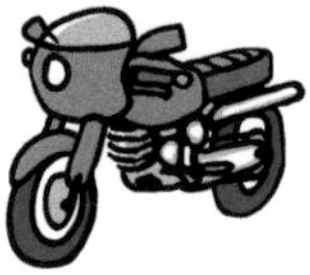

μοτοσικλέτα

motorbike

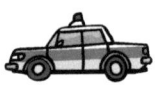

περιπολικό

police car

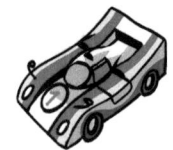

αγωνιστικό αυτοκίνητο

racing car

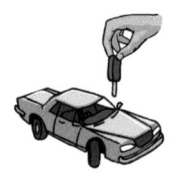

ενοικιαζόμενο αυτοκίνητο

rental car

διαμοιρασμός αυτοκινήτων

car sharing

γερανός

tow truck

απορριμματοφόρο

garbage truck

κινητήρας

engine

καύσιμο

fuel

βενζινάδικο

fuel station

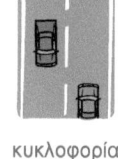

πινακίδα σήμανσης

traffic sign

κυκλοφορία

traffic

κυκλοφοριακή συμφόρηση

traffic jam

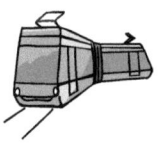

χώρος στάθμευσης

parking lot

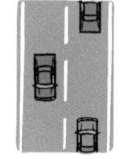

σιδηροδρομικός σταθμός

train station

σιδηροδρομικές γραμμές

tracks

τρένο

train

τραμ

tram

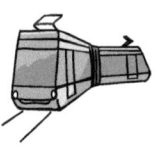

βαγόνι

wagon

μεταφορά - transport

ελικόπτερο

helicopter

αεροδρόμιο

airport

πύργος

tower

επιβάτης

passenger

εμπορευματοκιβώτιο

container

χαρτοκιβώτιο

carton

καρότσι

cart

καλάθι

basket

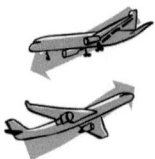

απογειώνομαι /
προσγειόνομαι

take off / land

πόλη
city

χωριό

village

κέντρο της πόλης

city center

σπίτι

house

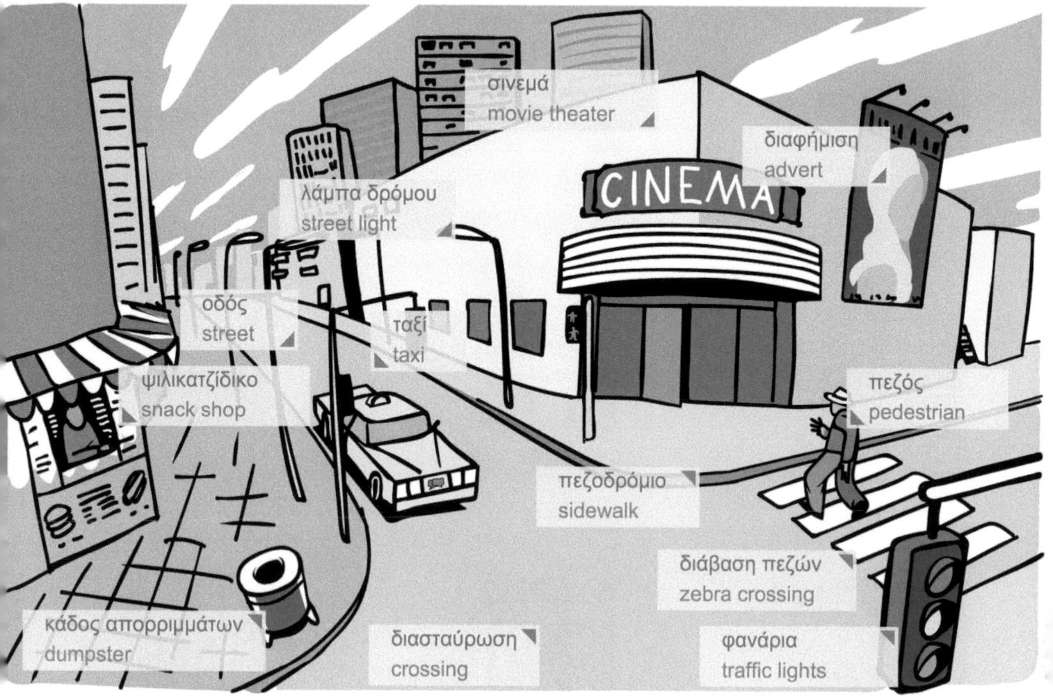

σινεμά
movie theater

διαφήμιση
advert

λάμπα δρόμου
street light

οδός
street

ταξί
taxi

ψιλικατζίδικο
snack shop

πεζός
pedestrian

πεζοδρόμιο
sidewalk

διάβαση πεζών
zebra crossing

κάδος απορριμμάτων
dumpster

διασταύρωση
crossing

φανάρια
traffic lights

καλύβα
hut

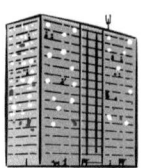

διαμέρισμα
apartment

σιδηροδρομικός σταθμός
train station

δημαρχείο
city hall

μουσείο
museum

σχολείο
school

πόλη - city

πανεπιστήμιο

university

τράπεζα

bank

νοσοκομείο

hospital

ξενοδοχείο

hotel

φαρμακείο

pharmacy

γραφείο

office

βιβλιοπωλείο

book shop

κατάστημα

shop

ανθοπωλείο

flower shop

σούπερ μάρκετ

supermarket

αγορά

market

πολυκατάστημα

department store

ιχθυοπωλείο

fishmonger's shop

εμπορικό κέντρο

mall

λιμάνι

harbor

πάρκο

park

παγκάκι

bench

γέφυρα

bridge

σκάλες

stairs

μετρό

subway

τούνελ

tunnel

στάση λεωφορείου

bus stop

μπαρ

bar

εστιατόριο

restaurant

γραμματοκιβώτιο

postbox

πινακίδα δρόμου

street sign

παρκόμετρο

parking meter

ζωολογικός κήπος

zoo

πισίνα

swimming pool

τζαμί

mosque

πόλη - city

αγρόκτημα
farm

ρύπανση
pollution

νεκροταφείο
cemetery

εκκλησία
church

παιδική χαρά
playground

ναός
temple

τοπίο
landscape

φύλλο
leaf

πινακίδα κατεύθυνσης
signpost

δρόμος
path

λιβάδι
meadow

πέτρα
stone

δέντρο
tree

πεζοπόρος
hiker

ποτάμι
river

χορτάρι
grass

λουλούδι
flower

κοιλάδα

valley

λόφος

hill

λίμνη

lake

δάσος

forest

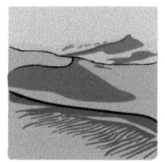

έρημος

desert

ηφαίστειο

volcano

κάστρο

castle

ουράνιο τόξο

rainbow

μανιτάρι

mushroom

φοίνικας

palm tree

κουνούπι

mosquito

μύγα

fly

μυρμήγκι

ant

μέλισσα

bee

αράχνη

spider

τοπίο - landscape

σκαθάρι

beetle

βάτραχος

frog

σκίουρος

squirrel

σκαντζόχοιρος

hedgehog

λαγός

hare

κουκουβάγια

owl

πουλί

bird

κύκνος

swan

αγριογούρουνο

boar

ελάφι

deer

άλκη

moose

φράγμα

dam

ανεμογεννήτρια

wind turbine

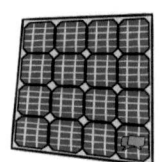

ηλιακός συλλέκτης

solar panel

κλίμα

climate

εστιατόριο
restaurant

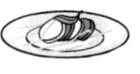

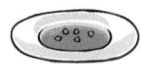

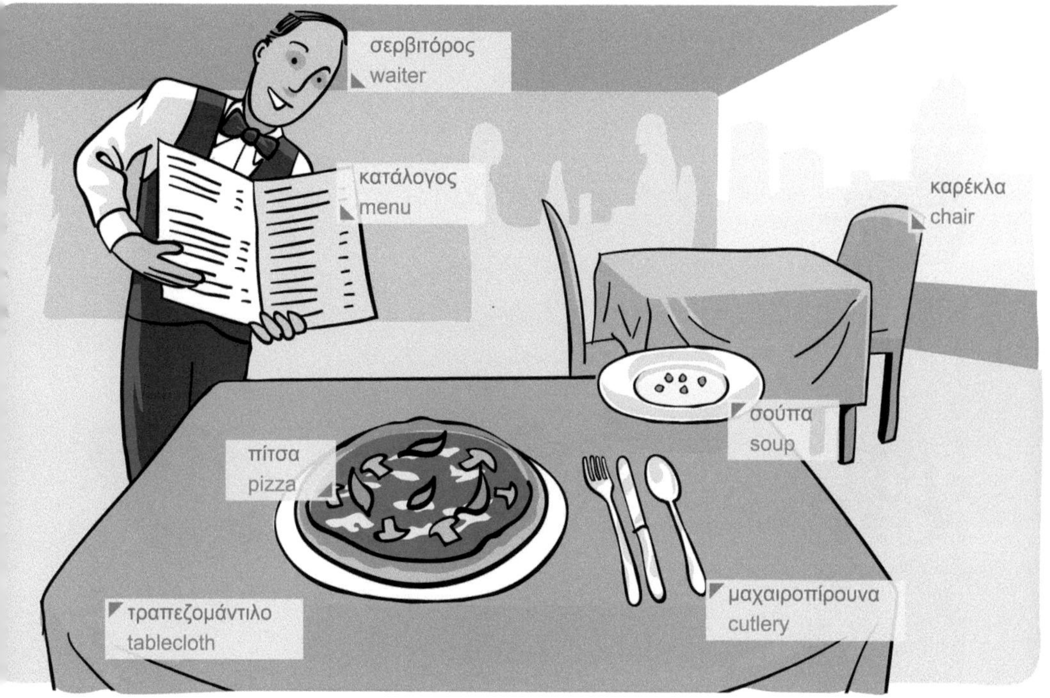

σερβιτόρος
waiter
κατάλογος
menu
καρέκλα
chair
σούπα
soup
πίτσα
pizza
τραπεζομάντιλο
tablecloth
μαχαιροπίρουνα
cutlery

ορεκτικό

starter

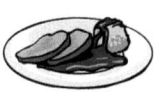

κύριο πιάτο

main course

επιδόρπιο

dessert

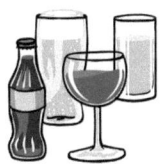

ποτά

drinks

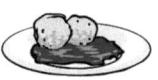

φαγητό

food

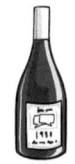

μπουκάλι

bottle

φαστ φουντ

fast food

φαγητό στ' όρθιο

street food

τσαγιέρα

teapot

δοχείο ζάχαρης

sugar bowl

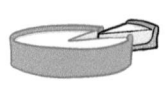

μερίδα

portion

μηχανή εσπρέσο

espresso machine

ψηλή καρέκλα

high chair

λογαριασμός

bill

δίσκος

tray

μαχαίρι

knife

πιρούνι

fork

κουτάλι

spoon

κουταλάκι του τσαγιού

teaspoon

πετσέτα φαγητού

serviette

ποτήρι

glass

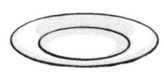

πιάτο

plate

πιάτο σούπας

soup plate

πιατάκι φλιτζανιού

saucer

σάλτσα

sauce

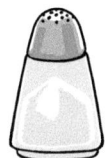

αλατιέρα

salt shaker

μύλος για πιπέρι

pepper mill

ξύδι

vinegar

λάδι

oil

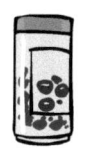

μπαχαρικά

spices

κέτσαπ

ketchup

μουστάρδα

mustard

μαγιονέζα

mayonnaise

σούπερ μάρκετ

supermarket

προσφορά
special offer
FOR
πελάτης
customer
γαλακτοκομικά προϊόντα
dairy products
φρούτα
fruit
καρότσι για ψώνια
shopping cart

BUTCHERS

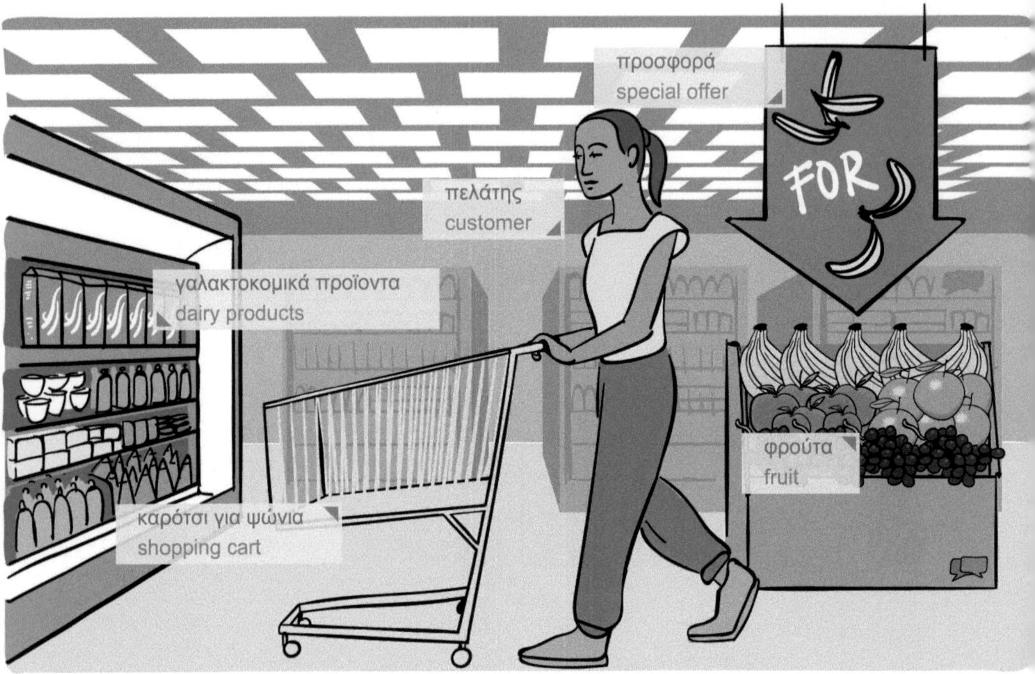

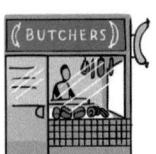

κρεοπωλείο

butcher's shop

BAKERY

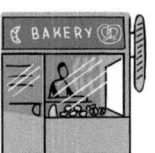

φούρνος

bakery

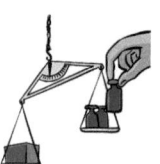

ζυγίζω

weigh

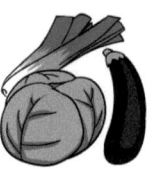

λαχανικά

vegetables

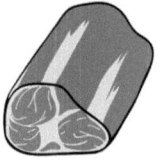

κρέας

meat

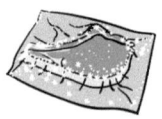

κατεψυγμένα τρόφιμα

frozen food

αλλαντικά

cold cuts

κονσερβοποιημένη τροφή

canned food

απορρυπαντικό ρούχων

detergent

γλυκά

candy

οικιακά είδη

household products

καθαριστικά προϊόντα

cleaning products

πωλήτρια

sales representative

ταμείο

cash register

ταμίας

cashier

λίστα για ψώνια

shopping list

ωράριο λειτουργίας

opening hours

πορτοφόλι

wallet

πιστωτική κάρτα

credit card

τσάντα

bag

πλαστική σακούλα

plastic bag

νερό

water

χυμός

juice

γάλα

milk

κόκα κόλα

coke

κρασί

wine

μπίρα

beer

αλκοόλ

alcohol

κακάο

cocoa

τσάι

tea

καφές

coffee

εσπρέσο

espresso

καπουτσίνο

cappuccino

μπανάνα

banana

μήλο

apple

πορτοκάλι

orange

πεπόνι

melon

λεμόνι

lemon

καρότο

carrot

σκόρδο

garlic

μπαμπού

bamboo

κρεμμύδι

onion

μανιτάρι

mushroom

ξηροί καρποί

nuts

νουντλς

noodles

μακαρόνια

spaghetti

ρύζι

rice

σαλάτα

salad

πατατάκια

fries

τηγανητές πατάτες

fried potatoes

πίτσα

pizza

χάμπουργκερ

hamburger

σάντουιτς

sandwich

κοτολέτα

escalope

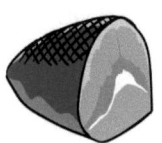

ζαμπόν

ham

σαλάμι

salami

λουκάνικο

sausage

κοτόπουλο

chicken

ψητό

roast

ψάρι

fish

φαγητό - food

χυλός βρώμης

porridge oats

μούσλι

muesli

κορν φλέικς

cornflakes

αλεύρι

flour

κρουασάν

croissant

ψωμάκι

bread roll

ψωμί

bread

τοστ

toast

μπισκότα

cookies

βούτυρο

butter

τυρόπηγμα

curd

κέικ

cake

αυγό

egg

τηγανητό αυγό

fried egg

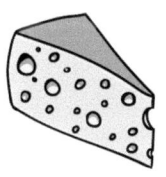

τυρί

cheese

παγωτό

ice cream

ζάχαρη

sugar

μέλι

honey

μαρμελάδα

jelly

άλλειμμα σοκολάτας

nougat cream

κάρυ

curry

αγρόκτημα
farm

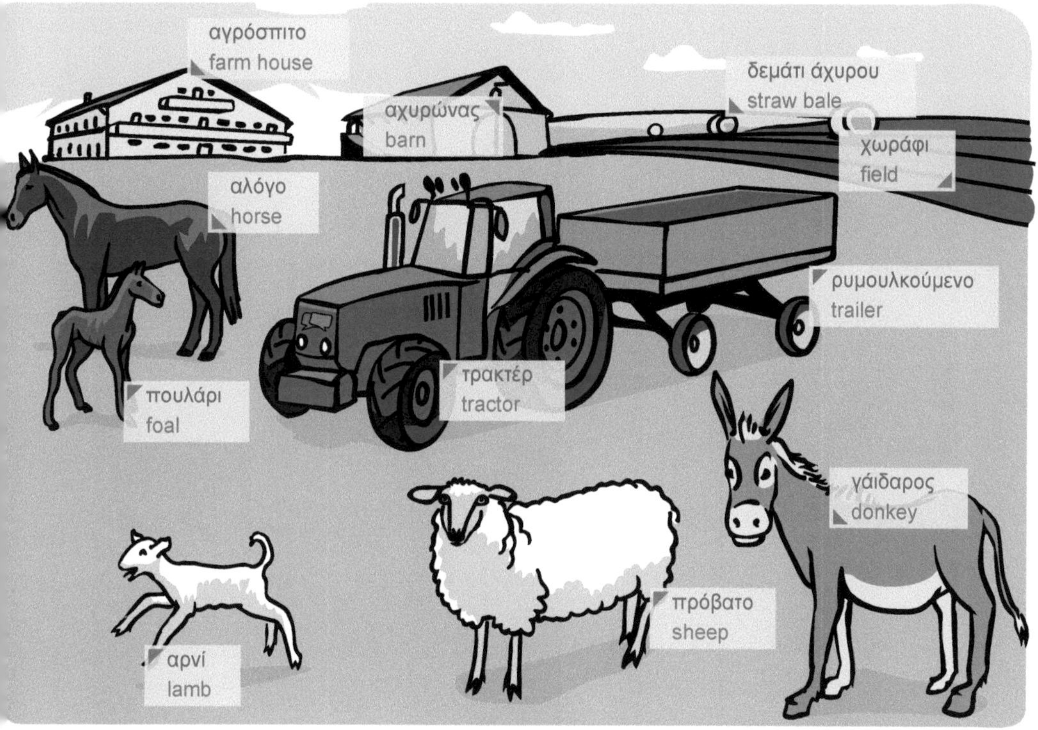

αγρόσπιτο
farm house
αχυρώνας
barn
δεμάτι άχυρου
straw bale
χωράφι
field
αλόγο
horse
ρυμουλκούμενο
trailer
πουλάρι
foal
τρακτέρ
tractor
γάιδαρος
donkey
πρόβατο
sheep
αρνί
lamb

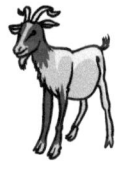

κατσίκα

goat

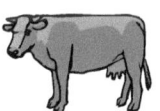

αγελάδα

cow

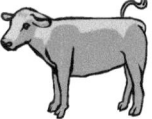

μοσχαράκι

calf

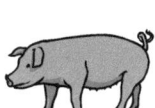

γουρούνι

pig

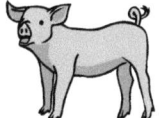

γουρουνάκι

piglet

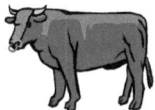

ταύρος

bull

χήνα

goose

πάπια

duck

κοτοπουλάκι

chick

κότα

hen

κόκορας

cockerel

αρουραίος

rat

γάτα

cat

ποντίκι

mouse

βόδι

ox

σκύλος

dog

σπιτάκι σκύλου

dog house

λάστιχο κήπου

garden hose

ποτιστήρι

watering can

θεριστήρι

scythe

αλέτρι

plow

δρεπάνι

sickle

τσάπα

hoe

δίκρανο

pitchfork

τσεκούρι

axe

χειράμαξα

pushcart

ταΐστρα

trough

δοχείο γάλακτος

milk can

σάκος

sack

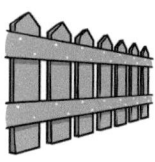

φράχτης

fence

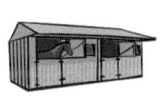

στάβλος

stable

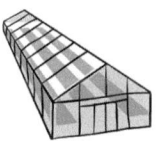

θερμοκήπιο

greenhouse

έδαφος

soil

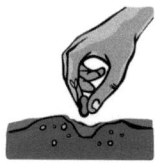

σπόρος

seed

λίπασμα

fertilizer

θεριζοαλωνιστική μηχανή

combine harvester

θερίζω

harvest

συγκομιδή

harvest

γιαμς

yams

σιτάρι

wheat

σόγια

soya

πατάτα

potato

καλαμπόκι

corn

κράμβη

rapeseed

οπωροφόρο δέντρο

fruit tree

μανιόκα

manioc

δημητριακά

grain

σπίτι
house

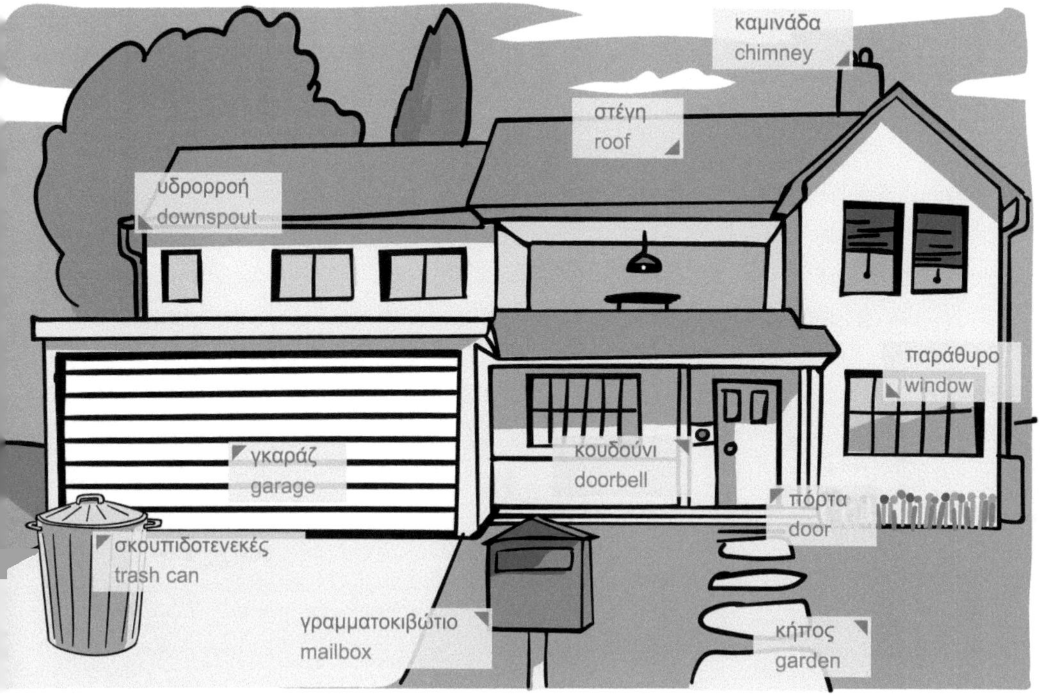

καμινάδα
chimney
στέγη
roof
υδρορροή
downspout
παράθυρο
window
γκαράζ
garage
κουδούνι
doorbell
πόρτα
door
σκουπιδοτενεκές
trash can
γραμματοκιβώτιο
mailbox
κήπος
garden

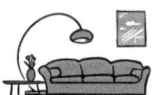

σαλόνι

living room

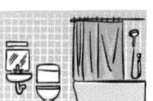

μπάνιο

bathroom

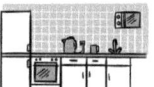

κουζίνα

kitchen

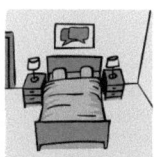

υπνοδωμάτιο

bedroom

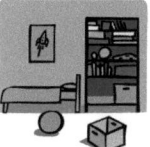

παιδικό δωμάτιο

kids room

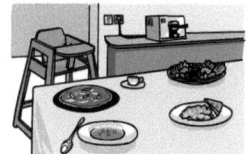

τραπεζαρία

dining room

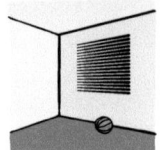

πάτωμα
floor

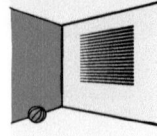

τοίχος
wall

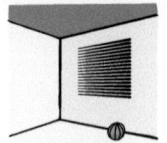

οροφή
ceiling

κελάρι
cellar

σάουνα
sauna

μπαλκόνι
balcony

βεράντα
terrace

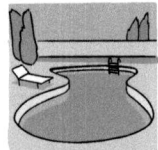

πισίνα
pool

μηχανή του γκαζόν
lawn mower

σεντόνι
sheet

κάλυμμα κρεβατιού
bedspread

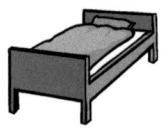

κρεβάτι
bed

σκούπα
broom

κουβάς
bucket

διακόπτης
switch

σαλόνι
living room

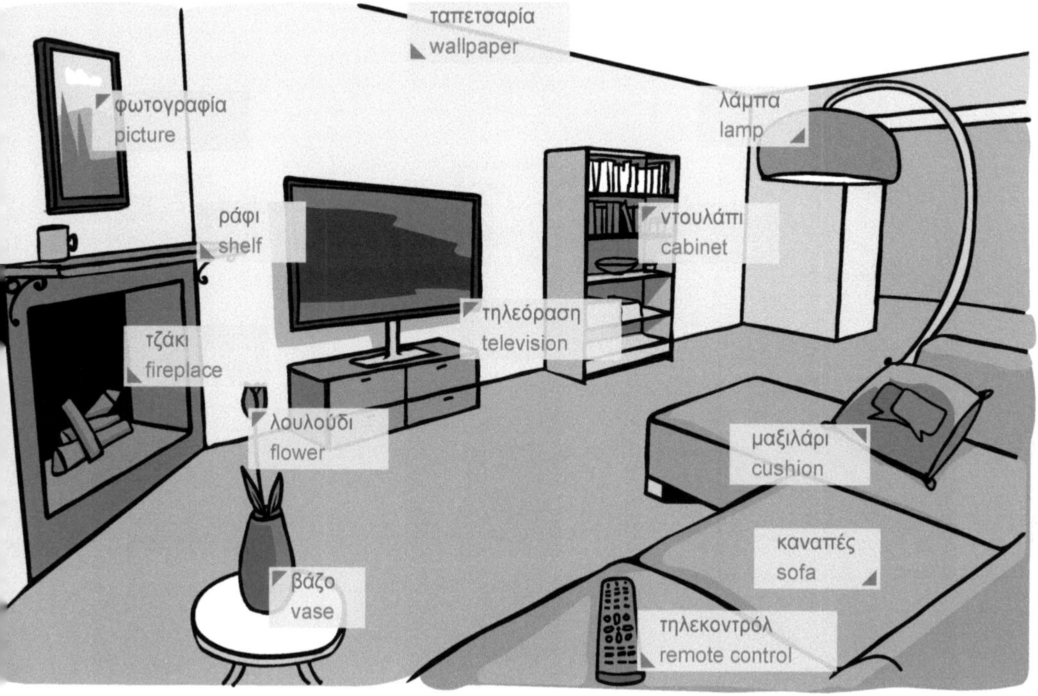

ταπετσαρία
wallpaper
φωτογραφία
picture
λάμπα
lamp
ράφι
shelf
ντουλάπι
cabinet
τηλεόραση
television
τζάκι
fireplace
λουλούδι
flower
μαξιλάρι
cushion
καναπές
sofa
βάζο
vase
τηλεκοντρόλ
remote control

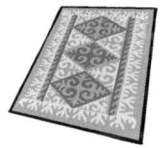

χαλί
carpet

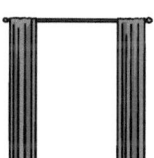

κουρτίνα
drape

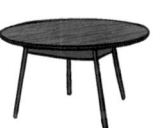

τραπέζι
table

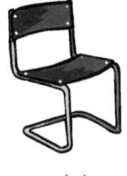

καρέκλα
chair

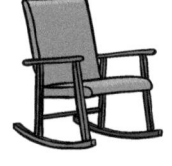

κουνιστή πολυθρόνα
rocking chair

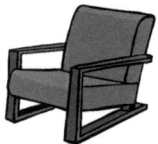

πολυθρόνα
armchair

βιβλίο

book

κουβέρτα

blanket

διακόσμηση

decoration

καυσόξυλα

firewood

ταινία

film

στερεοφωνικό σύστημα

stereo system

κλειδί

key

εφημερίδα

newspaper

πίνακας ζωγραφικής

painting

αφίσα

poster

ραδιόφωνο

radio

σημειωματάριο

notebook

ηλεκτρική σκούπα

vacuum cleaner

κάκτος

cactus

κερί

candle

σαλόνι - living room

κουζίνα
kitchen

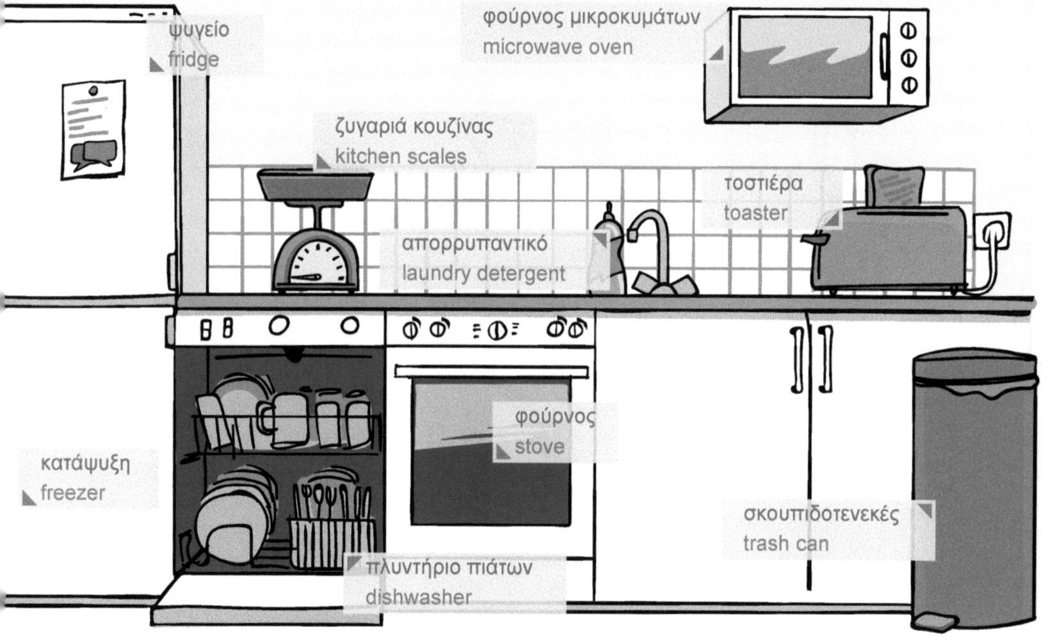
ψυγείο
fridge
φούρνος μικροκυμάτων
microwave oven
ζυγαριά κουζίνας
kitchen scales
τοστιέρα
toaster
απορρυπαντικό
laundry detergent
φούρνος
stove
κατάψυξη
freezer
σκουπιδοτενεκές
trash can
πλυντήριο πιάτων
dishwasher

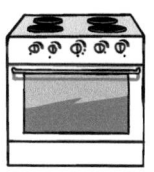

κουζίνα

cooker

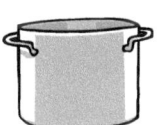

κατσαρόλα

pot

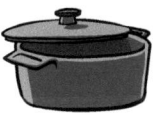

μαντεμένια κατσαρόλα

cast-iron pot

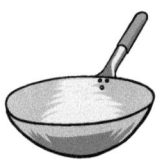

γουόκ/καντάι

wok / kadai

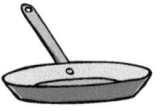

τηγάνι

pan

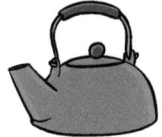

βραστήρας

kettle

ατμομάγειρας

steamer

ταψί

baking tray

πιατικά

crockery

κούπα

mug

μπολ

bowl

ξυλάκια

chopsticks

κουτάλα

ladle

σπάτουλα

spatula

ανακατεύω

whisk

σουρωτήρι

strainer

σουρωτηράκι

sieve

τρίφτης

grater

γουδί

mortar

ψησταριά

barbecue

ανοιχτή φωτιά

fireplace

σανίδα κοπής

chopping board

πλάστης

rolling pin

ανοιχτήρι φελλών

corkscrew

κονσέρβα

can

ανοιχτήρι κονσέρβας

can opener

γάντι φούρνου

oven cloth

νεροχύτης

sink

βούρτσα

brush

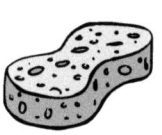

σφουγγάρι

sponge

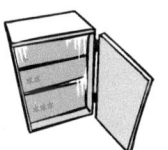

μπλέντερ

blender

καταψύκτης

deep freezer

μπιμπερό

baby bottle

βρύση

tap

μπάνιο
bathroom

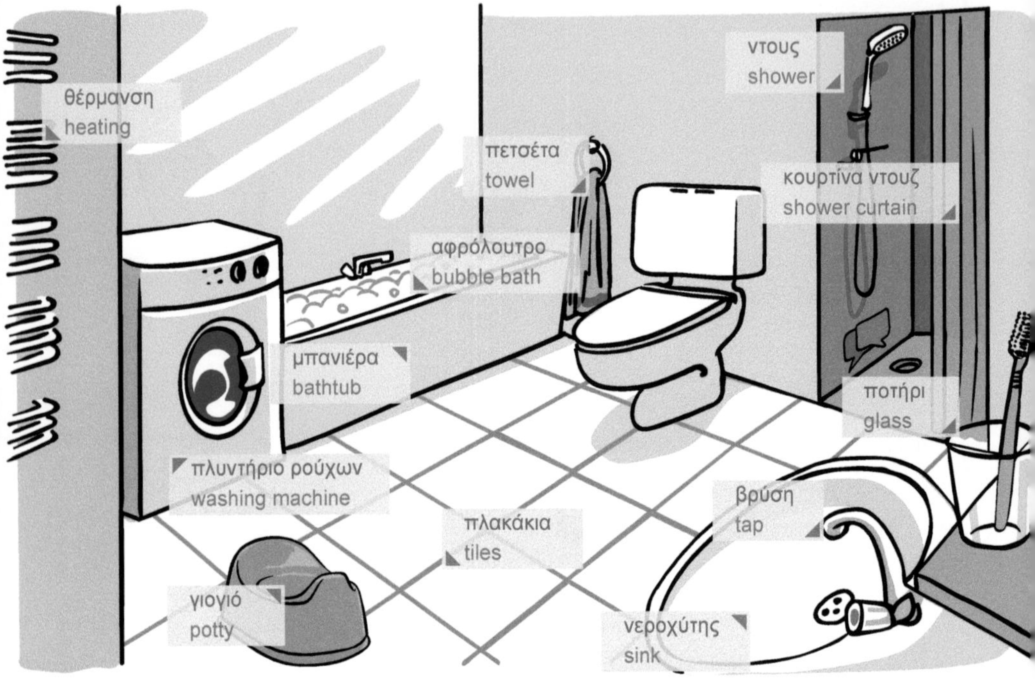

θέρμανση
heating
ντους
shower
πετσέτα
towel
κουρτίνα ντους
shower curtain
αφρόλουτρο
bubble bath
μπανιέρα
bathtub
ποτήρι
glass
πλυντήριο ρούχων
washing machine
βρύση
tap
πλακάκια
tiles
γιογιό
potty
νεροχύτης
sink

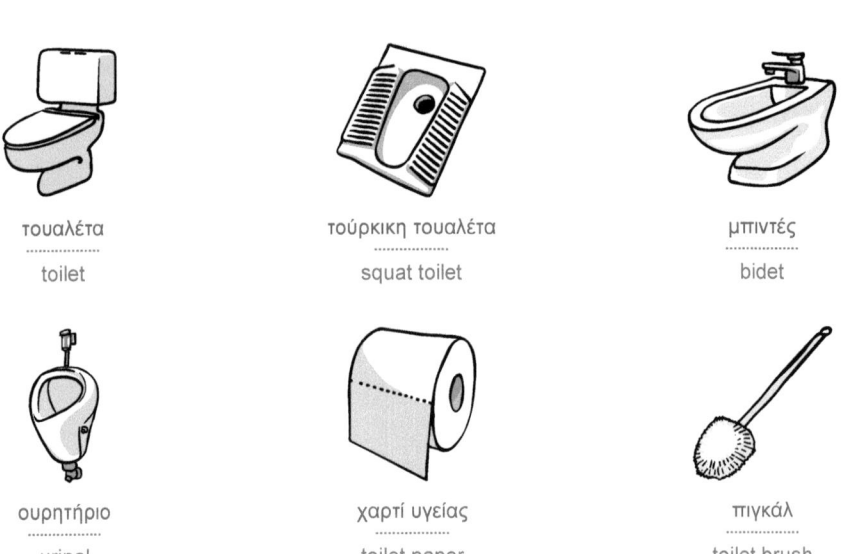

τουαλέτα

toilet

τούρκικη τουαλέτα

squat toilet

μπιντές

bidet

ουρητήριο

urinal

χαρτί υγείας

toilet paper

πιγκάλ

toilet brush

οδοντόβουρτσα

toothbrush

οδοντόκρεμα

toothpaste

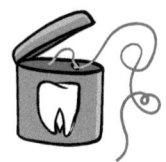

οδοντικό νήμα

dental floss

πλένω

wash

τηλέφωνο ντους

hand shower

ντουσιέρα

douche

λεκάνη

basin

βούρτσα πλάτης

back brush

σαπούνι

soap

αφρόλουτρο

shower gel

σαμπουάν

shampoo

φανέλα

flannel

σιφόνι

drain

κρέμα

creme

αποσμητικό

deodorant

καθρέφτης

mirror

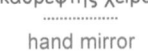

καθρέφτης χειρός

hand mirror

ξυραφάκι

razor

αφρός ξυρίσματος

shaving foam

αφτερσέιβ

aftershave

χτένα

comb

βούρτσα

brush

σεσουάρ

hair-dryer

λακ

hairspray

μακιγιάζ

makeup

κραγιόν

lipstick

βερνίκι νυχιών

nail varnish

βαμβάκι

cotton wool

ψαλίδι νυχιών

nail scissors

άρωμα

perfume

μπάνιο - bathroom

νεσεσέρ

washbag

σκαμπό

stool

ζυγαριά

weighing scales

μπουρνούζι

bathrobe

ελαστικά γάντια

rubber gloves

ταμπόν

tampon

πετσέτα υγιεινής

sanitary towel

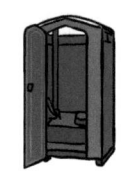

χημική τουαλέτα

chemical toilet

μπάνιο - bathroom

παιδικό δωμάτιο

kids room

ξυπνητήρι
alarm clock
λούτρινο ζωάκι
cuddly toy
αυτοκινητάκι
toy car
κουδουνίστρα
rattle
κουκλόσπιτο
doll's house
δώρο
present

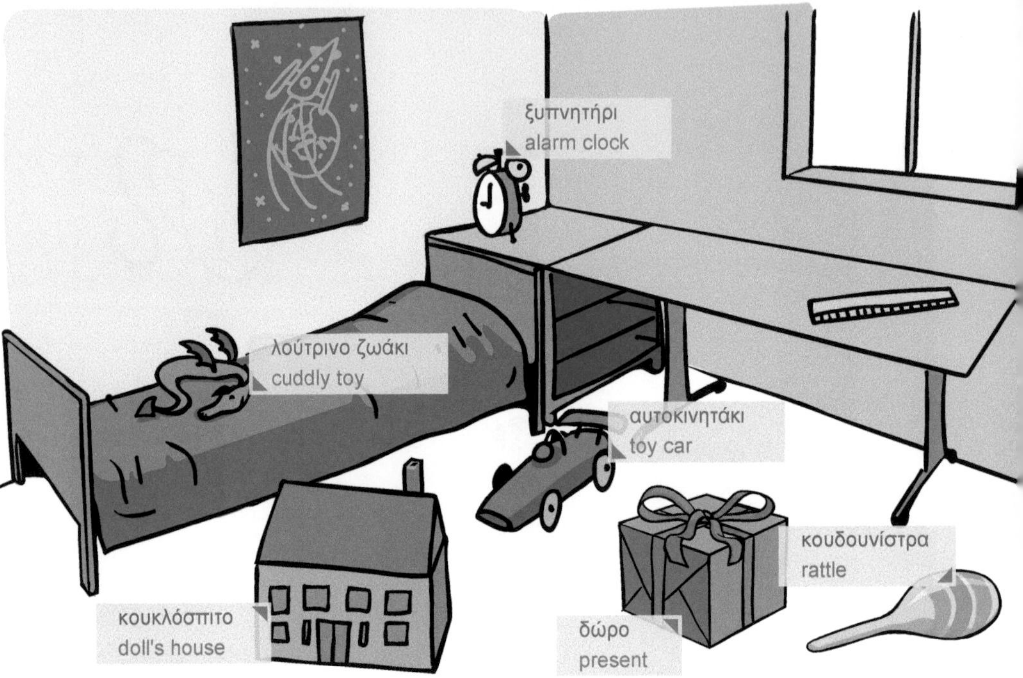

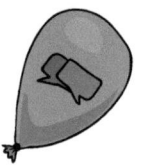

μπαλόνι

balloon

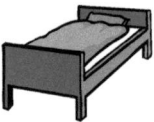

κρεβάτι

bed

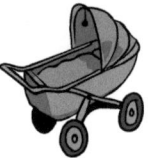

καροτσάκι

stroller

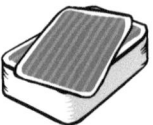

τράπουλα

deck of cards

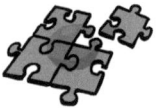

παζλ

jigsaw

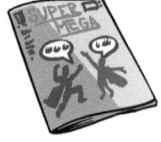

κόμικς

comic

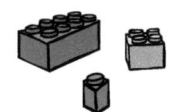

τουβλάκια lego

lego bricks

τουβλάκια κατασκευών

toy blocks

φιγούρα δράσης

action figure

βρεφικό φορμάκι

romper suit

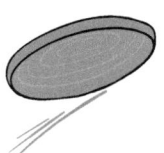

φρίσμπι

frisbee

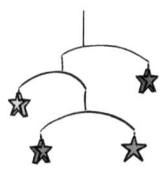

μόμπιλο

mobile

επιτραπέζιο παιχνίδι

board game

ζάρια

dice

σετ τρενάκι

model train set

πιπίλα

pacifier

πάρτι

party

εικονογραφημένο βιβλίο

picture book

μπάλα

ball

κούκλα

doll

παίζω

play

σκάμμα με άμμο

sandpit

κούνια

swing

παιχνίδια

toys

κονσόλα βιντεοπαιχνιδιών

video game console

τρίκυκλο

tricycle

αρκουδάκι

teddy bear

ντουλάπα

wardrobe

ρούχα
clothing

κάλτσες

socks

καλτσοδέτες

stockings

καλσόν

tights

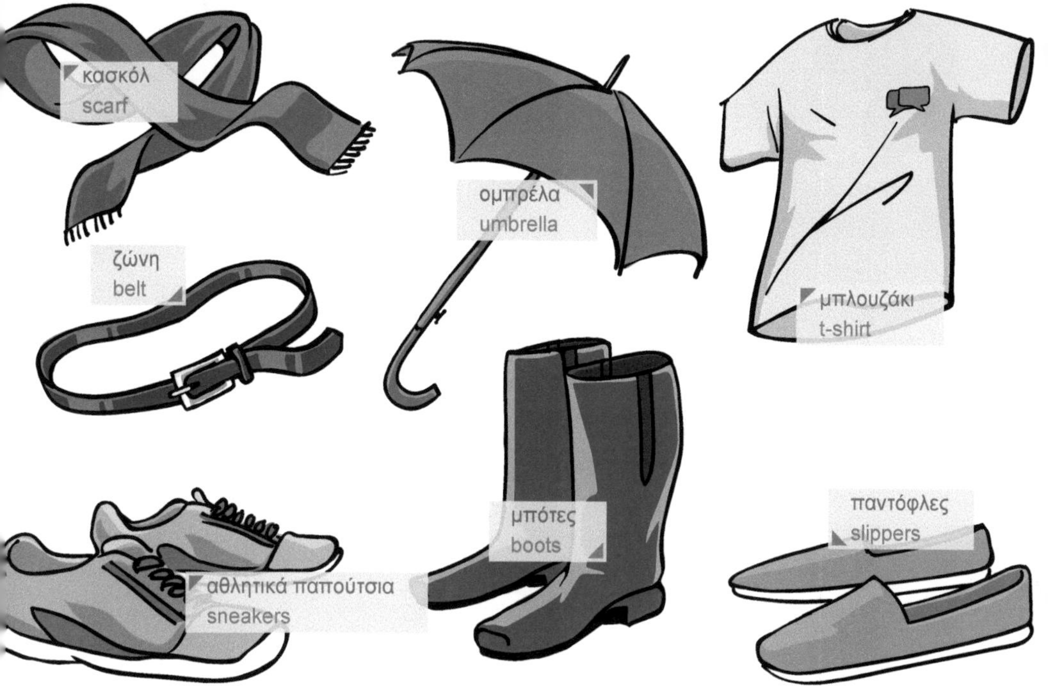

κασκόλ
scarf

ομπρέλα
umbrella

μπλουζάκι
t-shirt

ζώνη
belt

μπότες
boots

παντόφλες
slippers

αθλητικά παπούτσια
sneakers

σανδάλια
sandals

παπούτσια
shoes

γαλότσες
rubber boots

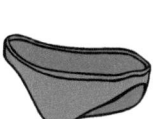

εσώρουχο
underwear

σουτιέν
bra

φανέλα
undershirt

σώμα

body

παντελόνι

pants

τζιν παντελόνι

jeans

φούστα

skirt

μπλούζα

blouse

πουκάμισο

shirt

πουλόβερ

pullover

πουλόβερ

sweater

σακάκι

blazer

μπουφάν

jacket

παλτό

coat

αδιάβροχο πανωφόρι

raincoat

κοστούμι

costume

φόρεμα

dress

νυφικό

wedding dress

κοστούμι

suit

νυχτικό

nightgown

πιτζάμες

pajamas

σάρι

sari

μαντήλι

headscarf

τουρμπάνι

turban

μπούρκα

burka

καφτάνι

kaftan

μουσουλμανικό ένδυμα

abaya

ολόσωμο μαγιό

swimsuit

ανδρικό μαγιό

trunks

σορτς

shorts

αθλητική φόρμα

tracksuit

ποδιά

apron

γάντια

gloves

κουμπί

button

γυαλιά

glasses

βραχιόλι

bracelet

περιδέραιο

necklace

δαχτυλίδι

ring

σκουλαρίκι

earring

καπέλο

cap

κρεμάστρα

coat hanger

καπέλο

hat

γραβάτα

tie

φερμουάρ

zip

κράνος

helmet

τιράντες

braces

μαθητική στολή

school uniform

στολή

uniform

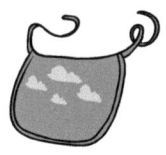

σαλιάρα

bib

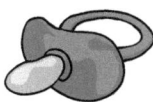

πιπίλα

pacifier

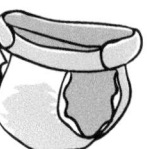

πάνα

diaper

γραφείο
office

σέρβερ
server
αρχειοθήκη
filing cabinet
εκτυπωτής
printer
χαρτί
paper
οθόνη
monitor
ποντίκι
mouse
γραφείο
desk
ντοσιέ
folder
πληκτρολόγιο
keyboard
καλάθι αχρήστων
waste-paper basket
υπολογιστής
computer
καρέκλα
chair

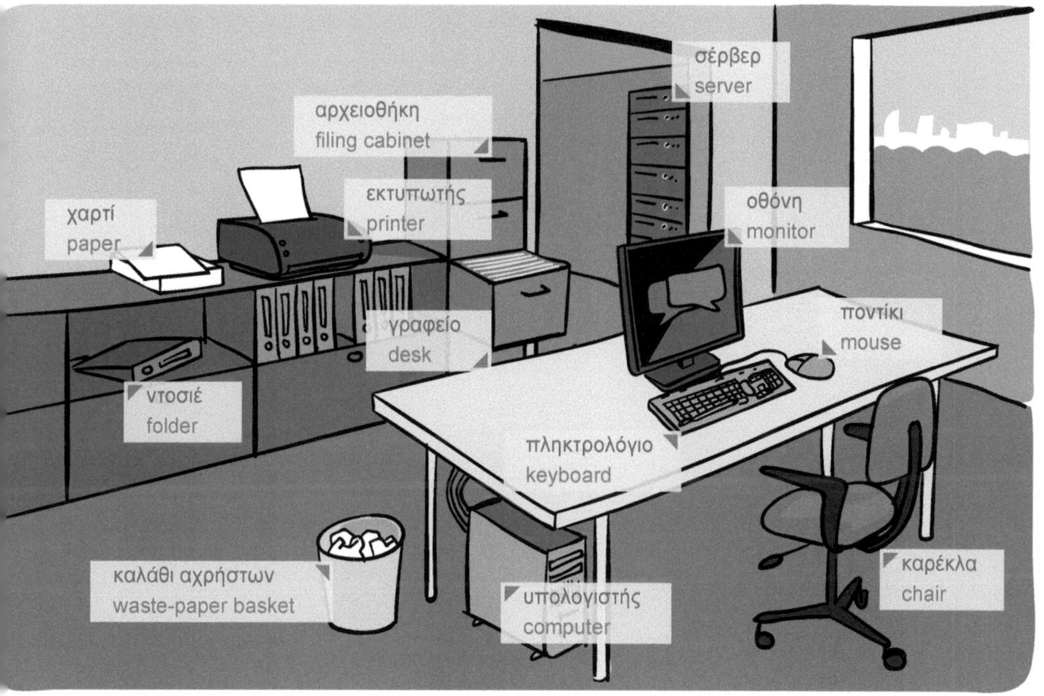

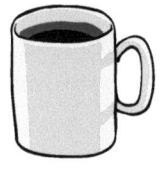

κούπα του καφέ

coffee mug

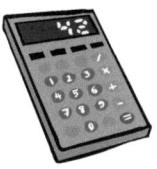

κομπιουτεράκι

calculator

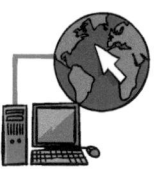

ίντερνετ

internet

λάπτοπ

laptop

γράμμα

letter

μήνυμα

message

κινητό

cell phone

δίκτυο

network

φωτοτυπικό μηχάνημα

photocopier

λογισμικό

software

τηλέφωνο

telephone

πρίζα

plug socket

συσκευή φαξ

fax machine

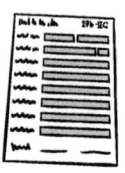

έντυπο

form

έγγραφο

document

αγοράζω

buy

πληρώνω

pay

συναλλάσσομαι

trade

χρήματα

money

δολάριο

dollar

ευρώ

euro

γιεν

yen

ρούβλι

rouble

ελβετικό φράγκο

Swiss franc

ρενμίνμπι γιουάν

renminbi yuan

ρουπία

rupee

ATM (αυτόματη ταμειακή μηχανή)

cash point

ανταλλακτήρια συναλλάγματος

currency exchange office

χρυσός

gold

ασήμι

silver

πετρέλαιο

oil

ενέργεια

energy

τιμή

price

συμβόλαιο

contract

φόρος

tax

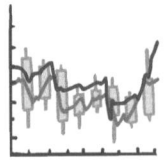

μετοχή

stock

δουλεύω

work

υπάλληλος

employee

εργοδότης

employer

εργοστάσιο

factory

κατάστημα

shop

οικονομία - economy

επαγγέλματα
occupations

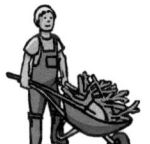

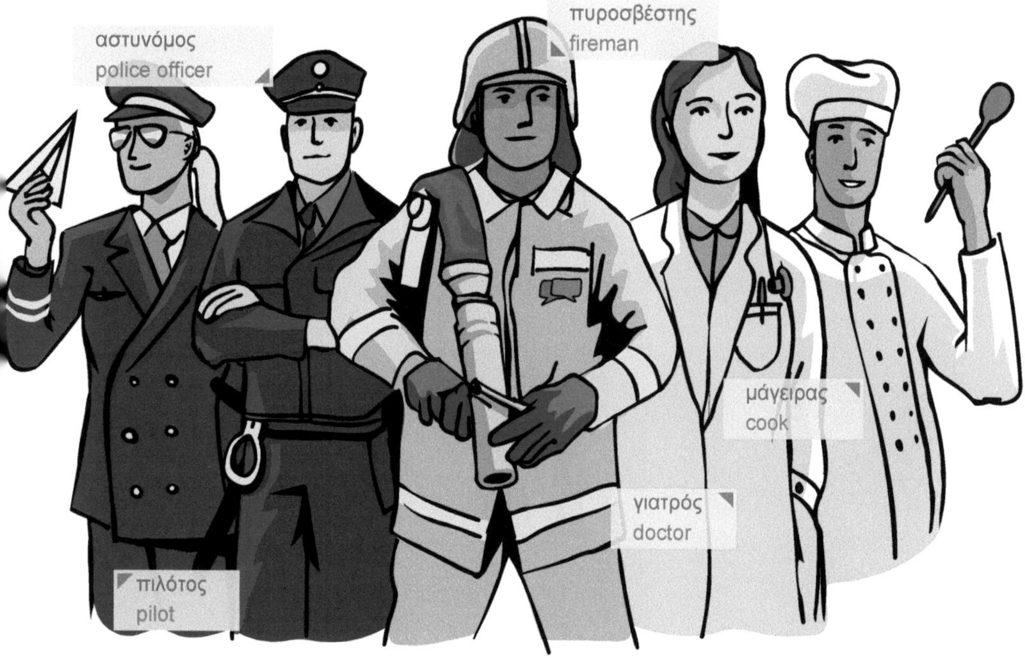
αστυνόμος
police officer
πυροσβέστης
fireman
μάγειρας
cook
γιατρός
doctor
πιλότος
pilot

κηπουρός

gardener

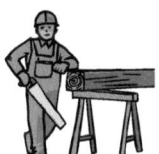

ξυλουργός

carpenter

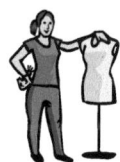

μοδίστρα

seamstress

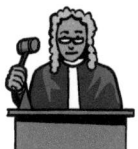

δικαστής

judge

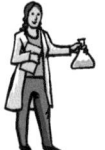

χημικός

chemist

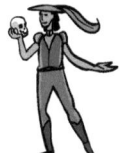

ηθοποιός

actor

οδηγός λεωφορείου

bus driver

ταξιτζής

taxi driver

ψαράς

fisherman

καθαρίστρια

cleaning lady

τεχνίτης στεγών

roofer

σερβιτόρος

waiter

κυνηγός

hunter

ζωγράφος

painter

αρτοποιός

baker

ηλεκτρολόγος

electrician

οικοδόμος

builder

μηχανολόγος

engineer

κρεοπώλης

butcher

υδραυλικός

plumber

ταχυδρόμος

postman

επαγγέλματα - occupations

στρατιώτης

soldier

αρχιτέκτονας

architect

ταμίας

cashier

ανθοπώλης

florist

κομμωτής

hairdresser

ελεγκτής εισιτηρίων

conductor

μηχανικός

mechanic

καπετάνιος

captain

οδοντίατρος

dentist

επιστήμονας

scientist

ραβίνος

rabbi

ιμάμης

imam

μοναχός

monk

ιερέας

pastor

επαγγέλματα - occupations

εργαλεία
tools

σφυρί
hammer
πένσα
pliers
κατσαβίδι
screwdriver
φακός
torch
Γαλλικό κλειδί
wrench

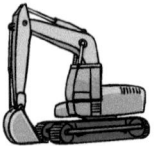

εκσκαφέας

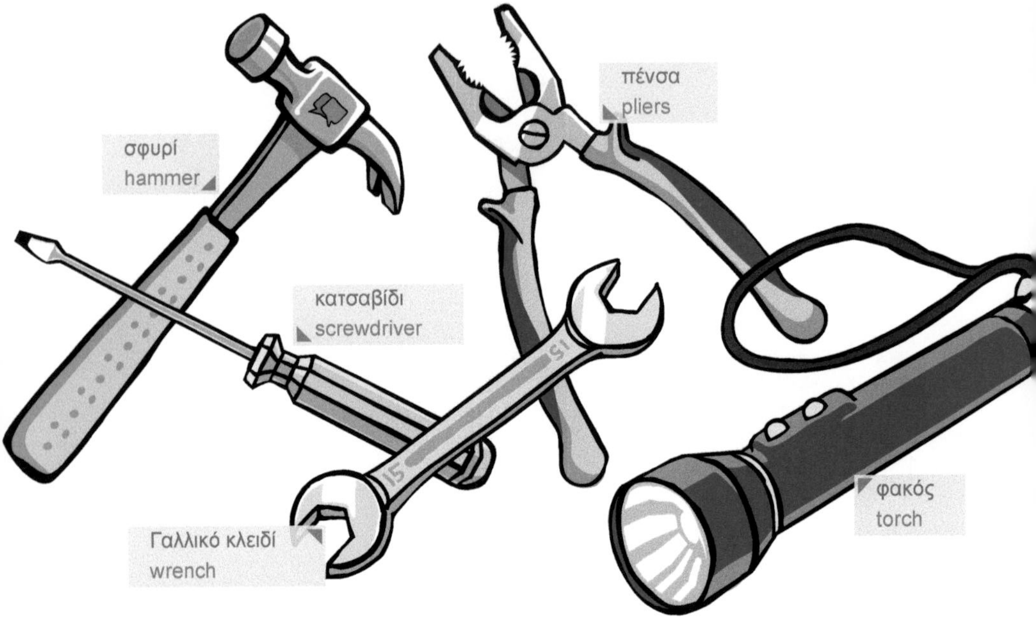

excavator

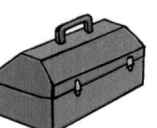

εργαλειοθήκη

toolbox

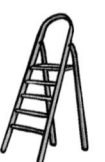

σκάλα

ladder

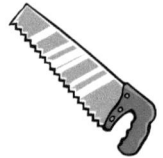

πριόνι

saw

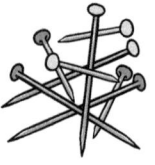

καρφιά

nails

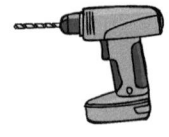

τρυπάνι

drill

επισκευάζω

repair

φτυάρι

shovel

Να πάρει!

Damn!

φαράσι

dustpan

δοχείο χρωμάτων

paint can

βίδες

screws

μουσικά όργανα

musical instruments

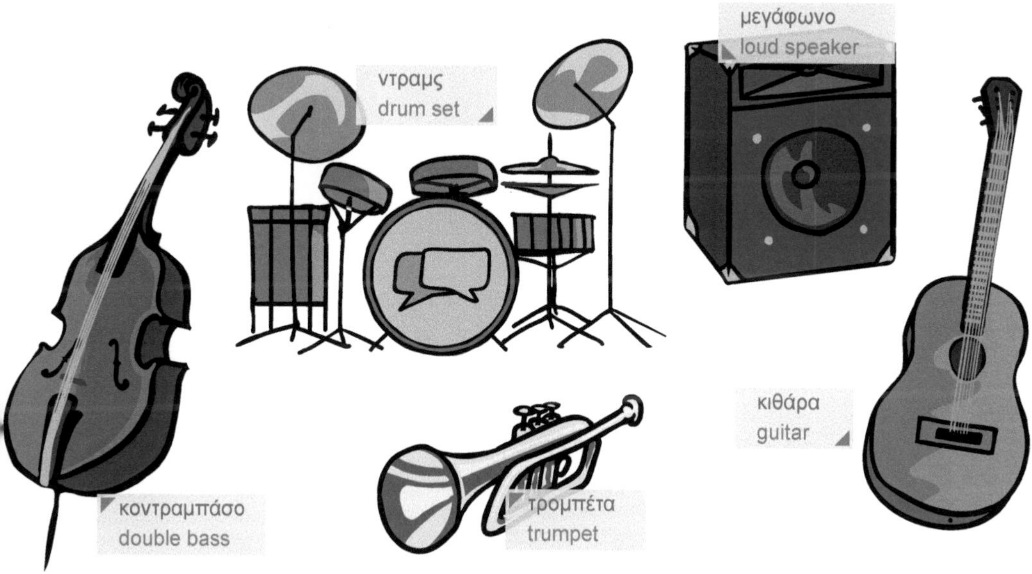

μεγάφωνο
loud speaker

ντραμς
drum set

κιθάρα
guitar

κοντραμπάσο
double bass

τρομπέτα
trumpet

πιάνο

piano

βιολί

violin

μπάσο

bass

τύμπανα

timpani

τύμπανο

drums

πλήκτρα

keyboard

σαξόφωνο

saxophone

φλάουτο

flute

μικρόφωνο

microphone

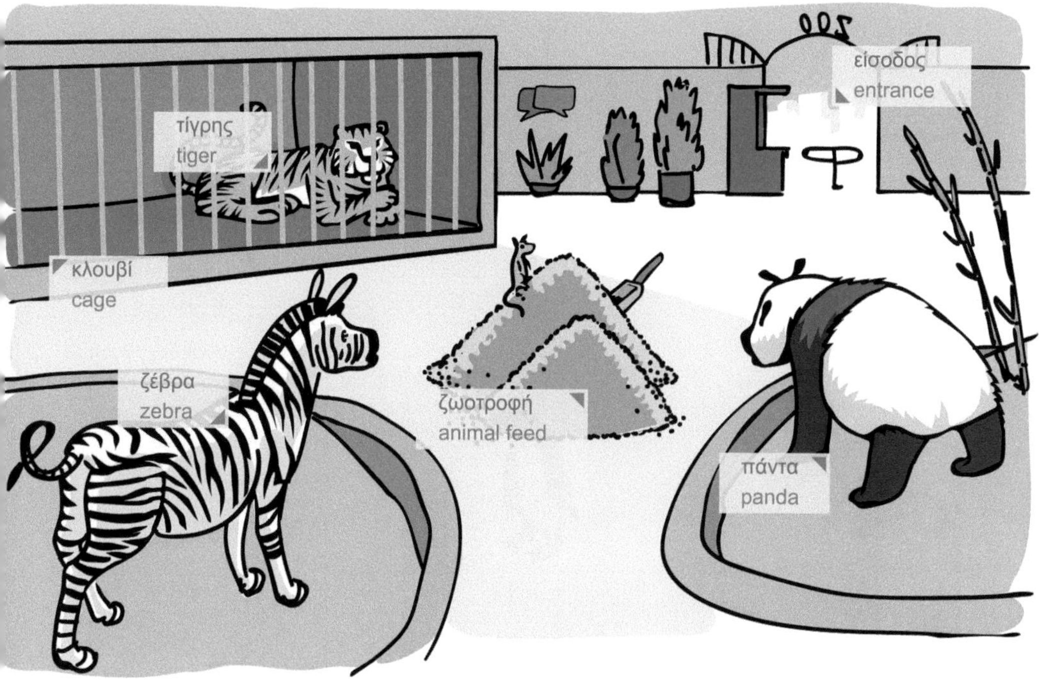

είσοδος
entrance

τίγρης
tiger

κλουβί
cage

ζέβρα
zebra

ζωοτροφή
animal feed

πάντα
panda

ζώα
animals

ελέφαντας
elephant

καγκουρό
kangaroo

ρινόκερος
rhino

γορίλας
gorilla

αρκούδα
bear

καμήλα

camel

στρουθοκάμηλος

ostrich

λιοντάρι

lion

πίθηκος

monkey

φλαμίνγκο

flamingo

παπαγάλος

parrot

πολική αρκούδα

polar bear

πιγκουίνος

penguin

καρχαρίας

shark

παγώνι

peacock

φίδι

snake

κροκόδειλος

crocodile

φύλακας ζωολογικού κήπου

zookeeper

φώκια

seal

τζάγκουαρ

jaguar

ζωολογικός κήπος - zoo

πόνυ

pony

λεοπάρδαλη

leopard

ιπποπόταμος

hippo

καμηλοπάρδαλη

giraffe

αετός

eagle

αγριογούρουνο

boar

ψάρι

fish

χελώνα

turtle

θαλάσσιος ίππος

walrus

αλεπού

fox

γαζέλα

gazelle

Αμερικάνικο ποδόσφαιρο
American football

ποδηλασία
cycling

αντισφαίριση
tennis

μπάσκετ
basketball

κολύμβηση
swimming

πυγχαμία
boxing

χόκεϋ επί πάγου
ice hockey

ποδόσφαιρο
soccer

μπάντμιντον
badminton

στίβος
athletics

χάντμπολ
handball

σκι
skiing

πόλο
polo

πηδάω
jump

αγκαλιάζω
hug

γελάω
laugh

περπατάω
walk

τραγουδάω
sing

ονειρεύομαι
dream

προσεύχομαι
pray

φιλάω
kiss

γράφω	σχεδιάζω	δείχνω
write	draw	show

πιέζω	δίνω	παίρνω
push	give	take

δραστηριότητες - activities 63

έχω

have

κάνω

do

είμαι

be

στέκομαι

stand

τρέχω

run

τραβάω

pull

ρίχνω

throw

πέφτω

fall

ξαπλώνω

lie

περιμένω

wait

κουβαλώ

carry

κάθομαι

sit

φοράω

get dressed

κοιμάμαι

sleep

ξυπνάω

wake up

δραστηριότητες - activities

κοιτάω

look at

κλαίω

cry

χαϊδεύω

stroke

χτενίζω

comb

μιλάω

talk

καταλαβαίνω

understand

ρωτάω

ask

ακούω

listen

πίνω

drink

τρώω

eat

συγυρίζω

tidy up

αγαπάω

love

μαγειρεύω

cook

οδηγώ

drive

πετάω

fly

κάνω ιστιοπλοΐα

sail

υπολογίζω

calculate

διαβάζω

read

μαθαίνω

learn

δουλεύω

work

παντρεύομαι

marry

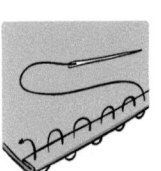

ράβω

sew

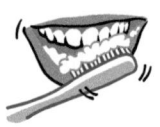

βουρτσίζω τα δόντια

brush teeth

σκοτώνω

kill

καπνίζω

smoke

στέλνω

send

γιαγιά
grandmother

παππούς
grandfather

πατέρας
father

μητέρα
mother

μωρό
baby

κόρη
daughter

γιος
son

καλεσμένος

guest

θεία

aunt

θείος

uncle

αδελφός

brother

αδελφή

sister

σώμα

body

μέτωπο
forehead
μάτι
eye
ώμος
shoulder
δάχτυλο
finger
πρόσωπο
face
πιγούνι
chin
χέρι
hand
πόδι
leg
στήθος
breast
βραχίονας
arm

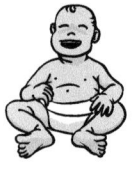

μωρό

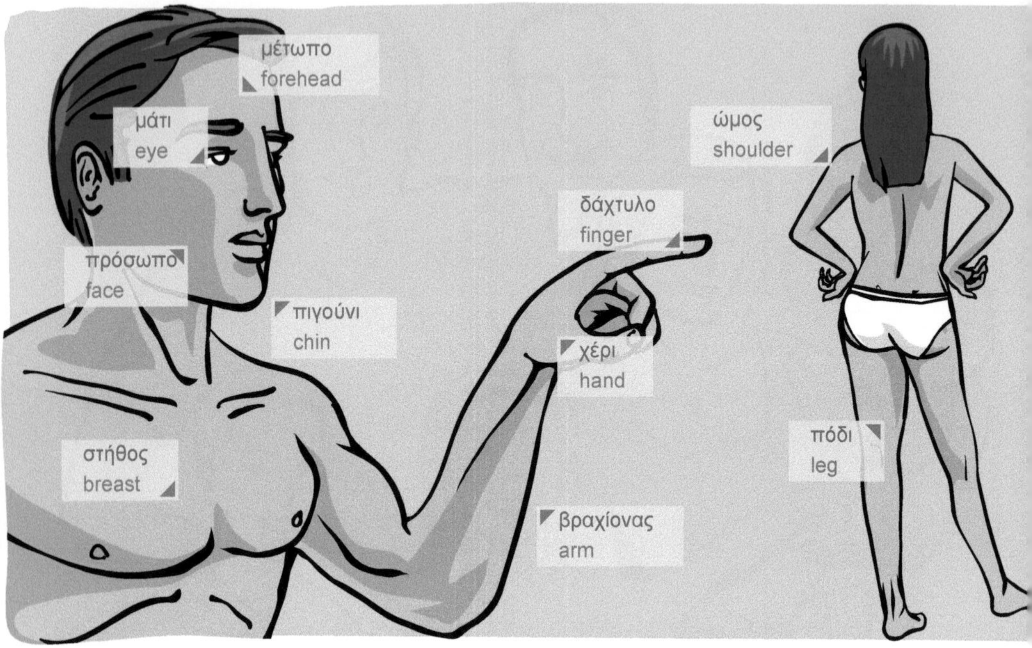

baby

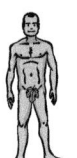

άνδρας

man

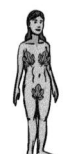

γυναίκα

woman

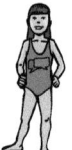

κορίτσι

girl

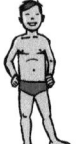

αγόρι

boy

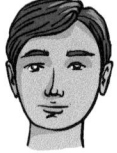

κεφάλι

head

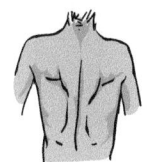

πλάτη

back

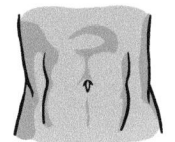

κοιλιά

belly

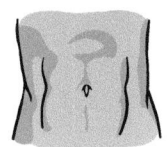

αφαλός

navel

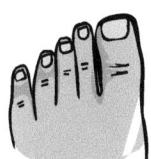

δάχτυλο ποδιού

toe

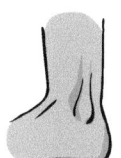

φτέρνα

heel

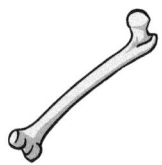

κόκκαλο

bone

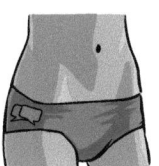

γοφός

hip

γόνατο

knee

αγκώνας

elbow

μύτη

nose

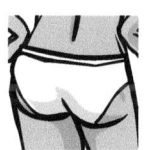

γλουτός

buttocks

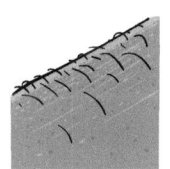

δέρμα

skin

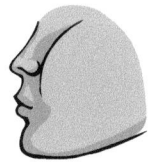

μάγουλο

cheek

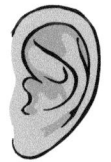

αυτί

ear

χείλος

lip

σώμα - body

στόμα

mouth

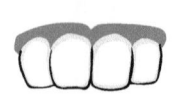

δόντι

tooth

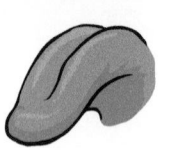

γλώσσα

tongue

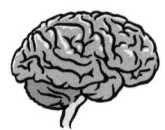

εγκέφαλος

brain

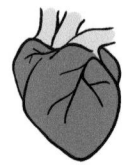

καρδιά

heart

μυς

muscle

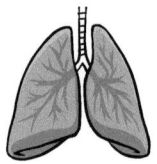

πνεύμονας

lung

συκώτι

liver

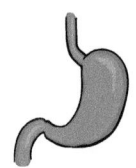

στομάχι

stomach

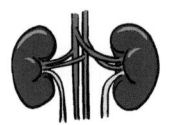

νεφρά

kidneys

σεξουαλική επαφή

sex

προφυλακτικό

condom

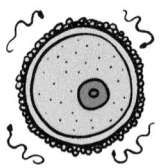

ωάριο

ovum

σπέρμα

semen

εγκυμοσύνη

pregnancy

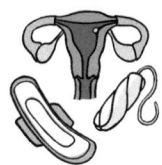

περίοδος

menstruation

γυναικείος κόλπος

vagina

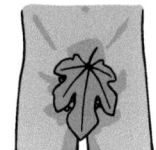

πέος

penis

φρύδι

eyebrow

μαλλιά

hair

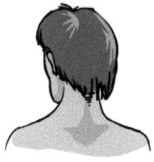

λαιμός

neck

νοσοκομείο

hospital

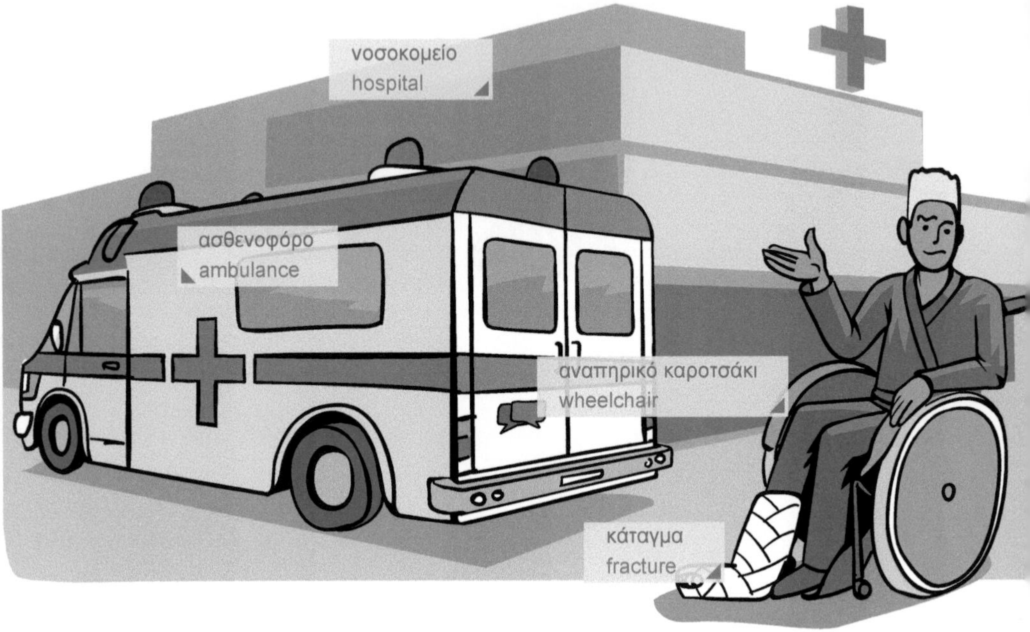

νοσοκομείο
hospital
ασθενοφόρο
ambulance
αναπηρικό καροτσάκι
wheelchair
κάταγμα
fracture

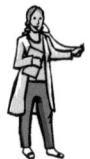

γιατρός

doctor

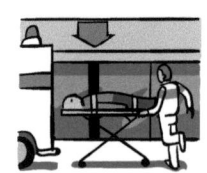

μονάδα εντατικής θεραπείας

emergency room

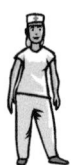

νοσοκόμα

nurse

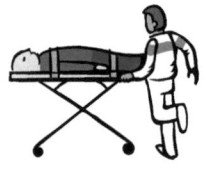

έκτακτη ανάγκη

emergency

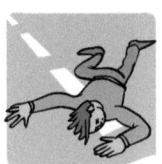

λιπόθυμος

unconscious

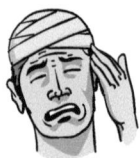

πόνος

pain

τραύμα

injury

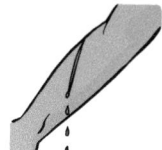

αιμορραγία

bleeding

έμφραγμα

heart attack

εγκεφαλικό

stroke

αλλεργία

allergy

βήχας

cough

πυρετός

fever

γρίπη

flu

διάρροια

diarrhea

πονοκέφαλος

headache

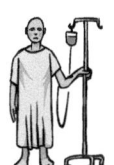

καρκίνος

cancer

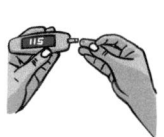

διαβήτης

diabetes

χειρουργός

surgeon

νυστέρι

scalpel

εγχείρηση

operation

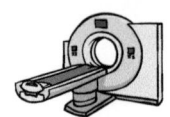

αξονική τομογραφία

CT

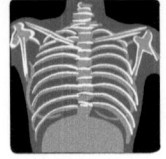

ακτινογραφία

x-ray

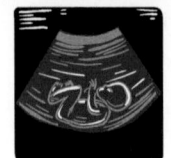

υπέρηχος

ultrasound

μάσκα

face mask

ασθένεια

disease

αίθουσα αναμονής

waiting room

πατερίτσα

crutch

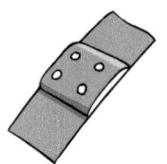

χάνσαπλαστ

plaster

επίδεσμος

bandage

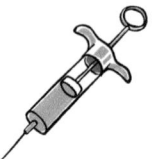

ένεση

injection

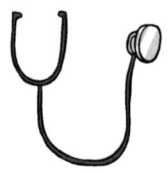

στηθοσκόπιο

stethoscope

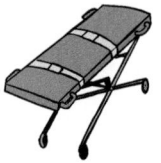

φορείο

stretcher

θερμόμετρο

clinical thermometer

γέννηση

birth

υπέρβαρο

overweight

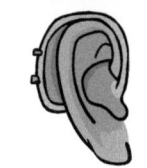

ακουστικό βαρηκοΐας

hearing aid

αντισηπτικό

disinfectant

λοίμωξη

infection

ιός

virus

HIV/AIDS

HIV / AIDS

φάρμακο

medicine

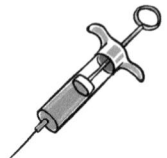

εμβολιασμός

vaccination

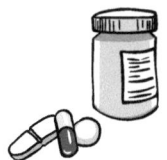

δισκία

tablets

χάπι

pill

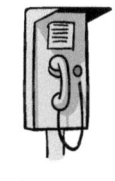

κλήση έκτακτης ανάγκης

emergency call

πιεσόμετρο αίματος

blood pressure monitor

άρρωστος / υγιής

ill / healthy

Βοήθεια!

Help!

συναγερμός

alarm

βιαιοπραγία

assault

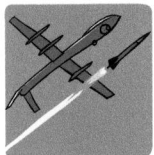

επίθεση

attack

κίνδυνος

danger

έξοδος κινδύνου

emergency exit

Φωτιά!

Fire!

πυροσβεστήρας

fire extinguisher

ατύχημα

accident

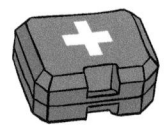

κουτί πρώτων βοηθειών

first-aid kit

SOS

SOS

αστυνομία

police

Ευρώπη

Europe

Βόρεια Αμερική

North America

Νότια Αμερική

South America

Αφρική

Africa

Ασία

Asia

Αυστραλία

Australia

Ατλαντικός Ωκεανός

Atlantic

Ειρηνικός Ωκεανός

Pacific

Ινδικός Ωκεανός

Indian Ocean

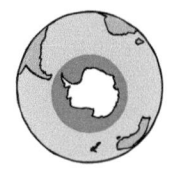

Ανταρκτικός Ωκεανός

Antarctic Ocean

Αρκτικός Ωκεανός

Arctic Ocean

Βόρειος Πόλος

North pole

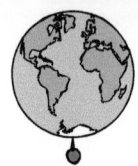

Νότιος Πόλος

South pole

Ανταρκτική

Antarctica

Γη

earth

γη

land

θάλασσα

sea

νησί

island

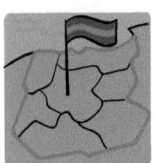

έθνος

nation

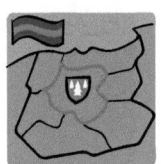

πολιτεία

state

καντράν ρολογιού

clock face

ωροδείκτης

hour hand

λεπτοδείκτης

minute hand

δείκτης δευτερολέπτων

second hand

Τι ώρα είναι;

What time is it?

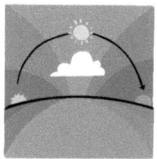

ημέρα

day

χρόνος

time

τώρα

now

ψηφιακό ρολόι

digital watch

λεπτό

minute

ώρα

hour

εβδομάδα
week

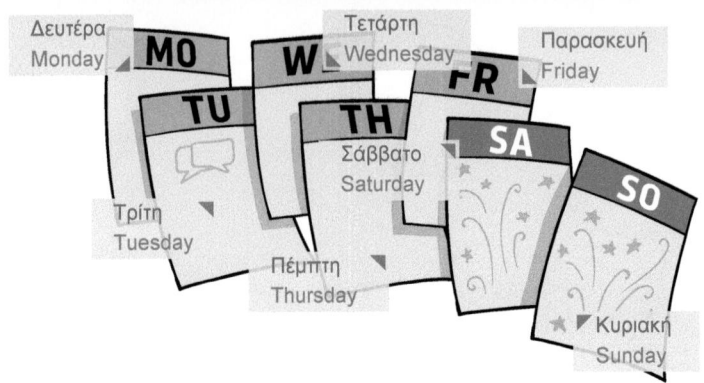

Δευτέρα / Monday
Τετάρτη / Wednesday
Παρασκευή / Friday
Σάββατο / Saturday
Τρίτη / Tuesday
Πέμπτη / Thursday
Κυριακή / Sunday

χθες

yesterday

σήμερα

today

αύριο

tomorrow

πρωί

morning

μεσημέρι

noon

βράδυ

evening

εργάσιμες ημέρες

workdays

Σαββατοκύριακο

weekend

έτος
year

βροχή
rain
ουράνιο τόξο
rainbow
χιόνι
snow
άνεμος
wind
άνοιξη
spring
φθινόπωρο
fall
καλοκαίρι
summer
χειμώνας
winter

4.APRIL 11°
5.APRIL 4°
6.APRIL 13°
7.APRIL 8°
8.APRIL 10°

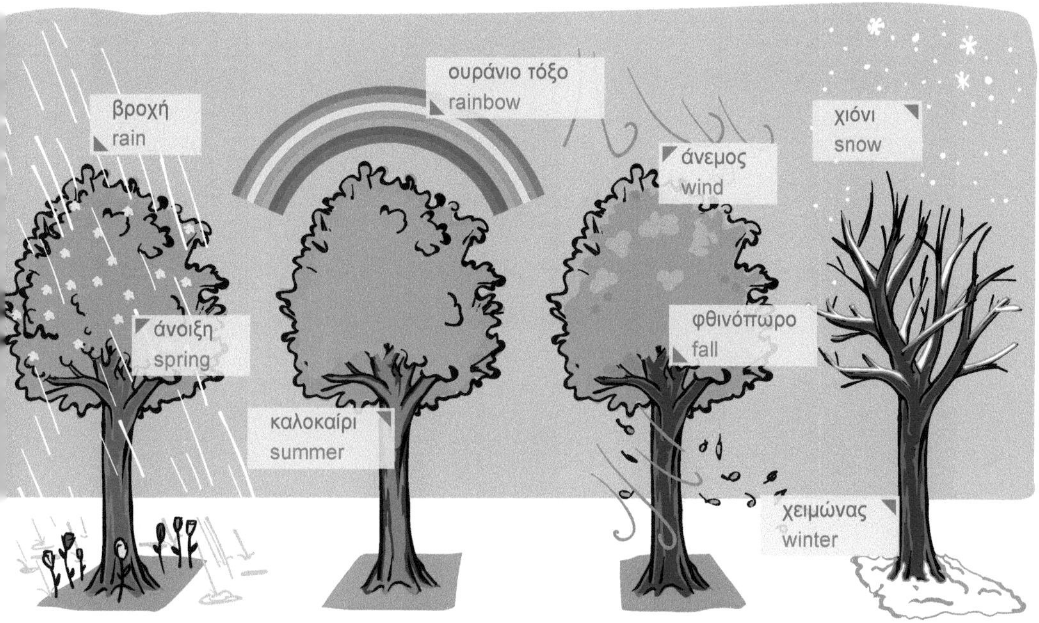

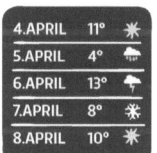

πρόγνωση καιρού
....
weather forecast

F C
120 40
90 30
60 20
30 10
0 0
-30 -10
-20

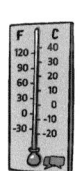

θερμόμετρο
....
thermometer

λιακάδα
....
sunshine

σύννεφο
....
cloud

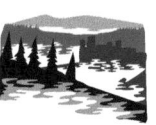

ομίχλη
....
fog

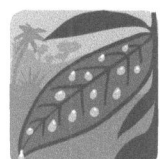

υγρασία
....
humidity

αστραπή

lightning

κεραυνός

thunder

καταιγίδα

storm

χαλάζι

hail

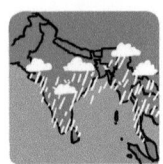

μουσώνας

monsoon

πλημμύρα

flood

πάγος

ice

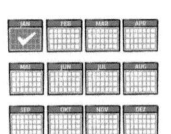

Ιανουάριος

January

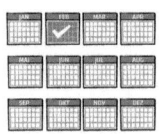

Φεβρουάριος

February

Μάρτιος

March

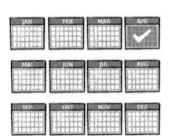

Απρίλιος

April

Μάιος

May

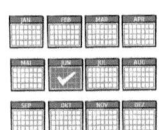

Ιούνιος

June

Ιούλιος

July

Αύγουστος

August

έτος - year

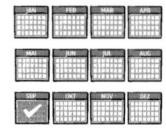

Σεπτέμβριος
....
September

Οκτώβριος
....
October

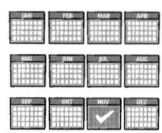

Νοέμβριος
....
November

Δεκέμβριος
....
December

σχήματα
shapes

κύκλος
....
circle

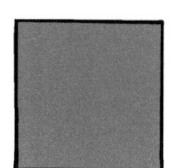

τετράγωνο
....
square

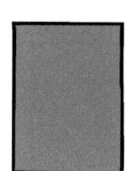

ορθογώνιο
παραλληλόγραμμο
rectangle

τρίγωνο
....
triangle

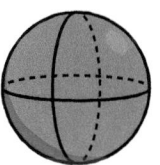

σφαίρα
....
sphere

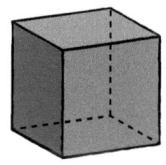

κύβος
....
cube

άσπρο

white

κίτρινο

yellow

πορτοκαλί

orange

ροζ

pink

κόκκινο

red

μωβ

purple

μπλε

blue

πράσινο

green

καφέ

brown

γκρι

gray

μαύρο

black

πολύ / λίγο

a lot / a little

θυμωμένος / ήρεμος

angry / calm

όμορφος / άσχημος

beautiful / ugly

αρχή / τέλος

beginning / end

μεγάλος / μικρός

big / small

φωτεινός / σκοτεινός

bright / dark

αδελφός / αδελφή

brother / sister

καθαρός / λερωμένος

clean / dirty

πλήρης / ατελής

complete / incomplete

ημέρα / νύχτα

day / night

νεκρός / ζωντανός

dead / alive

φαρδύς / στενός

wide / narrow

βρώσιμος / μη βρώσιμος

edible / inedible

κακός / ευγενικός

evil / kind

ενθουσιασμένος /
βαριεστημένος

excited / bored

παχύς / λεπτός

fat / thin

πρώτος / τελευταίος

first / last

φίλος / εχθρός

friend / enemy

γεμάτος / άδειος

full / empty

σκληρός / μαλακός

hard / soft

βαρύς / ελαφρύς

heavy / light

πείνα / δίψα

hunger / thirst

άρρωστος / υγιής

ill / healthy

παράνομος / νόμιμος

illegal / legal

έξυπνος / χαζός

intelligent / stupid

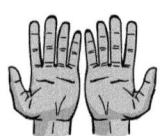

αριστερός / δεξιός

left / right

κοντινός / μακρινός

near / far

καινούριος /
μεταχειρισμένος

new / used

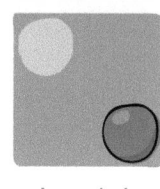

τίποτα / κάτι

nothing / something

γέρος | νέος

old / young

αναμμένος / σβηστός

on / off

ανοιχτός / κλειστός

open / closed

χαμηλόφωνος /
μεγαλόφωνος
quiet / loud

πλούσιος / φτωχός

rich / poor

σωστός / λανθασμένος

right / wrong

τραχύς / λείος

rough / smooth

λυπημένος / χαρούμενος

sad / happy

κοντός / μακρύς

short / long

αργός / γρήγορος

slow / fast

υγρός / στεγνός

wet / dry

ζεστός / δροσερός

warm / cool

πόλεμος / ειρήνη

war / peace

αντίθετα - opposites

0

μηδέν

zero

1

ένα

one

2

δύο

two

3

τρία

three

4

τέσσερα

four

5

πέντε

five

6

έξι

six

7

εφτά

seven

8

οκτώ

eight

9

εννιά

nine

10

δέκα

ten

11

έντεκα

eleven

12	**13**	**14**
δώδεκα	δεκατρία	δεκατέσσερα
twelve	thirteen	fourteen
15	**16**	**17**
δεκαπέντε	δεκαέξι	δεκαεφτά
fifteen	sixteen	seventeen
18	**19**	**20**
δεκαοκτώ	δεκαεννέα	είκοσι
eighteen	nineteen	twenty
100	**1.000**	**1.000.000**
εκατό	χίλια	εκατομμύριο
hundred	thousand	million

Αγγλικά

English

Αμερικάνικα Αγγλικά

American English

Μανδαρίνικα Κινέζικα

Chinese Mandarin

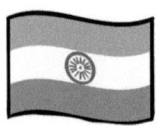

Χίντι

Hindi

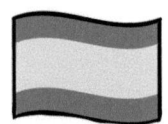

Ισπανικά

Spanish

Γαλλικά

French

Αραβικά

Arabic

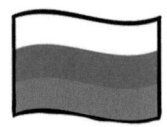

Ρώσικα

Russian

Πορτογαλικά

Portuguese

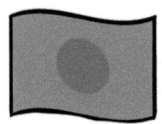

Μπενγκάλι

Bengali

Γερμανικά

German

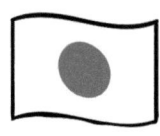

Ιαπωνικά

Japanese

εγώ

I

εσύ

you

αυτός / αυτή / αυτό

he / she / it

εμείς

we

εσείς

you

αυτοί / αυτές / αυτά

they

ποιος / ποια / ποιο;

who?

τι;

what?

πώς;

how?

πού;

where?

πότε;

when?

όνομα

name

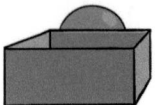

πίσω

behind

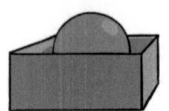

μέσα

in

μπροστά

in front of

πάνω από

over

πάνω

on

κάτω

under

δίπλα

beside

ανάμεσα

between

μέρος

place